DE LA CONSTITUTION

DE LA

DETTE PUBLIQUE

DE FRANCE,

ET DE L'INFLUENCE QU'ELLE EXERCE SUR SON EXTINCTION PAR LE REMBOURSE-MENT.

Par M^r. Pichou,

Conseiller d'Etat en service extraordinaire.

A PARIS,

Chez PONTHIEU, LIBRAIRE AU PALAIS-ROYAL,

GALERIE DE BOIS.

MAI 1824.

DE LA CONSTITUTION

DE LA

DETTE PUBLIQUE

DE FRANCE,

ET DE L'INFLUENCE QU'ELLE EXERCE SUR SON EXTINCTION PAR LE REMBOURSEMENT.

A V I S.

Les Observations que je me détermine à rendre publiques, ne datent point d'aujourd'hui, et ne m'ont point été suggérées par la grande mesure financière qui occupe si justement les esprits : elles sont, depuis long-temps , dans mon porte-feuille ; les circonstances présentes sont seulement venues leur donner une nouvelle force, et m'ont donné lieu d'en étendre les applications.

En 1812 , comme intendant général du trésor du ci-devant royaume de Westphalie, et chargé spécialement de l'administration de la Dette publique , je me suis trouvé appelé à exécuter une loi rendue en 1808 , par les Etats , sous le ministère de M. Beugnot, concernant la Dette publique du royaume ; cette loi ordonnait la conversion des anciennes dettes des diverses provinces et des divers états qui le composaient, en une Dette, inscrite seulement sur un grand Livre formé à l'instar de celui de la France , et qui devait, comme le porte notre loi du 24 août, 1793, être le *Titre unique des Créanciers de l'Etat*. Je dus donner une attention approfondie à la manière dont s'était faite chez nous cette opération, à ses principes et à ses conséquences. Il ne put m'échapper que , dans cette partie de nos établissemens nouveaux, comme dans beaucoup d'autres, avec la prétention d'imiter les formes suivies en Angleterre , nous avions aussi mal compris que mal appliqué notre modèle ; que rien ne ressemblait moins à la constitution de la Dette britannique , que celle qu'avait fait adopter Cambon à une assemblée qui n'était probablement pas plus en état d'en délibérer en liberté qu'en connaissance de cause ; et enfin , que nous étions arrivés, par la loi du 24 août 1793, à une constitution monstrueuse, dont les vices devaient spécialement se révéler, lorsque se présenterait l'époque du remboursement ; époque alors considérée comme imaginaire, et même comme étant complètement hors de la sphère des possibilités.

Ces considérations me déterminèrent à m'écarter en beaucoup de points, des erremens de la loi du 24 août 1793, dans le projet de dispositions que j'avais préparé pour la conversion (1).

On verra, dans le détail des observations qui vont suivre, les inconvéniens ; et à une

----

(1) Toutes les mesures étaient prises pour opérer la conversion des divers titres des anciennes dettes des Provinces et Etats composant le ci-devant royaume de Westphalie, lorsque, subitement, et par suite d'une inspiration à laquelle on ne résistait point, il fut décidé que la dette serait réduite au tiers. Après avoir vainement combattu cette résolution de toutes mes forces, je suis parti, toutes choses encore intactes en Allemagne, et je suis rentré en France : heureux de laisser à d'autres administrateurs le funeste soulagement qu'ils attendaient de cette mesure, qui, on le sent bien, n'a fait qu'ajouter au poids des autres événemens contemporains qui ont précipité l'ascendant de la France en Allemagne !

période , aujourd'hui bien éloignée , les injustices qui sont résultées du système établi
par cette loi.

Les défauts de cette première constitution se sont fait sentir surtout dès qu'il a été
question de remboursement , et les difficul-
tés qui se sont élevées dans la discussion , y
prennent leur source , pour la plus grande
partie. Aucun des écrits publiés sur cette matière , dans l'administration , ou hors l'administration , ne s'en étant occupés , et
n'ayant envisagé ce point de vue fondamental de la discussion , je me suis déterminé,
après beaucoup d'hésitations , à donner ces
observations au public ; j'espère qu'elles mé-
riteront l'attention des personnes qui s'oc-
cupent de ces matières ; qu'elles leur paraîtront poser la question où elle est véritable-
ment , et en éclaircir les nombreuses per-
plexités ; et que , d'un autre côté , elles pourront offrir quelques idées utiles aux administrateurs dans l'exécution de la grande
mesure dont nous allons être les témoins.

Paris, 1er. Mai 1824.

LA constitution de la Dette publique de France, présente à l'observateur attentif plusieurs défauts essentiels.

1°. Dans le titre de constitution qui réside, soit dans les lois d'emprunt, soit dans le grand-livre, il n'est pas question des capitaux empruntés ; ce n'est que depuis qu'on a donné à la Dette publique le titre de 5 p^r. 100 consolidés, qu'on peut les induire ; jusques-là, on n'a pas même énoncé le taux ou denier de la constitution.

2°. Dans ce même titre, défaut absolu de stipulation, quant à l'extinction par la voie du remboursement.

3°. Toute la Dette est constituée à un taux homogène, ce qui exclut toute distinction dans les divers emprunts, et empêche de les traiter séparément, le cas de remboursement échéant.

4°. Enfin l'extinction, par la voie de rachat ou d'amortissement, n'est pas réglée d'une manière sûre et conforme aux vrais principes du crédit.

Je vais, successivement, examiner ces divers points, dont les deux premiers of-

frent incontestablement le plus d'importance, et sont la source des deux autres.

§. Ier.

Défaut de reconnaissance des capitaux, et même du taux ou denier de la constitution.

Ce premier vice de la Dette publique, et tous les autres, on peut le dire, remontent à l'époque de la formation du grand-livre, époque où toute la Dette a été réconstituée en vertu de la loi du 24 août 1793. Il est donc nécessaire de donner une attention particulière à cette loi.

La loi du 24 août 1793, proposée par Cambon, ordonna deux mesures ; le retirement de tous les anciens titres de la Dette, *soit viagère*, *soit perpétuelle* du royaume ; et la substitution à ces titres, d'une inscription, sur un livre à ouvrir sous le nom de *Grand-Livre*, de toutes les parties de rente résultant des anciens contrats.

Nous ne nous occupons ici que de la Dette constituée en perpétuel. Cambon appelle cette opération une *consolidation* de la dette constituée. On va voir quelle a été cette espèce de consolidation.

En retirant les anciens titres , on avait pour objet de faire disparaître tous les contrats royaux ; en ordonnant la formation du Grand-Livre , comme titre *unique*, dit la loi , des créanciers , on avait un but vraiment louable , celui de simplifier l'administration , et de faciliter le transport de la Dette , en l'établissant sur le pied où elle est en Angleterre , où l'on ne se rappelle plus des contrats de constitution expédiés individuellement à chaque créancier ou prêteur. Malheureusement , l'auteur de cette grande innovation , Cambon , ne connaissait que très-imparfaitement le modèle qu'il se proposait d'imiter : on le voit à la manière dont il le cite , comme à celle dont il le copie (1). Dans cette ignorance , et obligé d'agir d'après ses propres inspirations , il a introduit, dans l'exécution de la mesure , entr'autres idées qui lui sont propres, une idée dont l'influence se fait aujourd'hui profondément sentir. Il a fait décider que l'on n'inscrirait sur le Grand-Livre, que le *montant net des intérêts* dûs à chaque créancier , sans déduction de la contribution foncière.

---

(1) Voyez plus bas, *page 14.*

Cette première opération, à laquelle nous devons l'ancienne Dette, réduite sous le Directoire au tiers, et connue, depuis cette réduction, sous le nom de *tiers consolidé*, a été par cette seule circonstance de l'inscription de la rente seule, sans égard au capital prêté, sans aucune mention du denier de la constitution, ou taux de l'intérêt, marquée au coin de l'injustice et de la violation la plus insigne de la foi, comme de la loi, des contrats.

Cette manière d'opérer a été un moyen sûr, en cas de remboursement, de ne payer qu'au denier 20 des capitaux prêtés au denier 25, au denier 33, et jusqu'au denier 50; parce qu'en faisant disparaître le taux de la constitution, on pouvait invoquer le droit commun, qui, dans le doute et dans l'absence du titre primitif du contrat, présume la rente vendue au taux légal, taux qui était en France, depuis l'édit de 1665, le denier 20 (1).

On ne peut douter que cette manière de procéder n'ait frappé sur une grande quantité de créances constituées à un denier inférieur

------

(1) Pothier, *Contrat de Constitution.*

au denier 20 de la rente portée aux livres du Trésor par suite de la conversion.

En effet, il y avait des rentes d'ancienne origine constituées en perpétuel, soit par le gouvernement royal, et sur l'hôtel de ville; soit par les états, le clergé, ou les diverses corporations laïques ou ecclésiastiques supprimées. Partie de ces rentes étaient à des taux de constitution fort inférieurs au denier 20 de la rente annuelle servie; soit qu'elles eussent été primitivement et librement aliénées à ce taux, soit que, par les réductions opérées sous diverses administrations, elles y eussent été violemment amenées. Pour ne pas aller plus loin que le ministère de l'abbé Terray, toutes les rentes perpétuelles, frappées déjà depuis 1715 de tant de réductions, avaient encore été réduites par ce ministre d'un quinzième. D'un autre côté, le clergé avait des emprunts faits au denier 25, et même au denier 50. C'est ce que nous voyons dans la loi du 16 décembre 1790, qui, ayant ordonné l'appropriation d'un fonds annuel de 10 millions au remboursement des dettes de cet ordre, réserve *celles au denier cinquante* pour les dernières. Un état qui re-

tire les titres de ses créanciers, et en or-
donne la conversion en titres nouveaux
dans lesquels il fait disparaître le taux de la
constitution primitive, peut-il bien être admis à plaider l'absence du contrat, et, dans
son absence, à offrir le remboursement au
taux légal ? C'est pourtant ce que l'on s'ex-
posait à faire, par la forme adoptée en vertu
de la loi du 24 août 1793.

Lorsqu'on cherche dans le rapport de
Cambon si telle a été l'intention de l'auteur
du projet, et s'il a employé sciemment ce
moyen de spoliation envers les créanciers
de l'État, on ne peut éprouver aucun doute
à cet égard en lisant ce qui suit :

« Nous avons cru que l'inscription sur le
» Grand-Livre ne devait pas rappeler les
» capitaux, et qu'on ne devait y porter que
» le produit net des rentes ou des intérêts,
» *afin de faire disparaître ces capitaux fic-*
» *tifs au denier* 100, *au denier* 40, etc., ces
» retenues du vingtième, du quinzième, du
» dixième, du cinquième, de 10 s. pour liv.,
» qui rappellent d'anciennes injustices sans
» aucune utilité ; puisque, lors des trans-
» missions de ces propriétés, elles ne sont
» calculées dans les partages, ventes, etc.,

(13)

» que pour un capital à raison de leur pro-
» duit net. D'ailleurs, lorsque la nation
» s'est chargée de l'ancienne dette, elle ne
» s'est obligée de la payer que sur le pied
» de son produit à l'époque où elle s'en est
» chargée.

» En ne faisant pas mention du capital,
» la nation aura toujours dans sa main le
» taux du crédit public. Un débiteur de
» rente perpétuelle ayant toujours le droit
» de se libérer si une inscription de 5o liv.
» ne se vendait sur la place que 8oo livres,
» la nation pourrait offrir le rembourse-
» ment de 5o livres d'inscription sur le
» Grand-Livre sur le pied du denier 18,
» ou moyennant 900 livres. Dès ce moment,
» le crédit public monterait au-dessus de ce
» taux, et la nation gagnerait sans injustice,
» en se libérant, un dixième du capital,
» puisque le créancier serait le maître de
» garder sa rente ou de recevoir son rem-
» boursement ; au lieu que si l'on inscrivait
» le capital, cette opération aurait l'air d'une
» banqueroute partielle. »

On pourrait bien dire, après avoir lu ces
deux paragraphes, que le rapporteur ne le
comprenait guères lui-même. Il ne veut pas

faire de banqueroute partielle , en cas de remboursement ; et le moyen qu'il prend de l'éviter , c'est de faire entièrement disparaître et le capital et le taux , ou le denier de la rente ! Cependant , en résultat, on voit que son système de remboursement aurait consisté , en tout cas, à l'opérer , au *maximum*, au denier vingt, et à se réserver le pouvoir de l'offrir arbitrairement à un taux un peu supérieur à celui du cours, lorsque la chose lui conviendrait. Rien n'est plus superflu que de chercher un sens raisonnable à de pareilles notions.

Ce qui est curieux, c'est de voir que Cambon annonce au commencement de son rapport, que les mesures qu'il va proposer sont une imitation de ce qu'a fait l'Angleterre pour sa propre dette. Il dit, en parlant de la formation du grand-livre :

« Cette idée n'est pas nouvelle : elle a été » employée utilement en Angleterre, lors- » qu'on consolida les 3 p. 100 et 4 p. 100 , » ou qu'on créa l'*omnium*. » Tout ce paragraphe décèle une ignorance absolue des faits. L'Angleterre n'a point attendu , pour borner les titres de ses créanciers aux livres du trésor, la consolidation (la réunion) des divers 3 p. 100, réunis sous le nom de consolidés ; et, ce qui est risible, c'est de voir Cambon prendre un terme d'argot de la Bourse, *omnium*, pour le nom d'un fonds ou d'une espèce particulière d'emprunt (1). Mais, ce qui est étonnant, c'est qu'en prononçant le nom des 3 p. 100 et des 4 p. 100 anglais, il n'ait pas été averti qu'en Angleterre, au moins, on ne se bornait pas à inscrire la seule rente. Il s'écartait encore, sur un autre point de peu d'importance, de son modèle : il faisait prononcer par la loi, que le grand-livre serait *le titre unique* du créancier de l'Etat ; et il faisait, en même temps, prescrire l'émission de certificats d'inscription, qui, sans doute, sont bien aussi un titre (2).

La *consolidation* de la loi de 1793 était donc une véritable banqueroute. En l'an 6, et par la loi du 9 vendémiaire, on y en ajouta

______

(1) Il est inutile d'expliquer ce qu'on entend à la Bourse de Londres par l'*omnium*. Tout le monde sait que ce n'est point un fonds particulier.

(2) « Le Grand-Livre de la dette publique sera le » titre unique et fondamental de tous les créanciers de » l'Etat. » Art. 21 de la loi ; art. 113 et suivans, concernant l'extrait d'inscription.

une autre plus violente encore. On réduisit la Dette au tiers, et l'on procéda à une réinscription pour ce seul tiers, sous le nom de *tiers consolidé*. Un changement notable fut alors apporté à notre constitution, qui fut donnée aux créanciers comme un faible dédommagement. On fit cesser la retenue du vingtième jusques-là opérée sur la rente, par parité avec l'impôt établi sur les biens fonds. Les deux tiers réduits furent remboursés en valeur admissible en payement de biens nationaux. Depuis, ces deux tiers ont été retirés et inscrits, comme on le verra plus bas, à un taux fort modique.

Ce mot *consolidé* dont nous avons abusé depuis 1793, est encore emprunté à contre-sens de l'Angleterre. Les divers fonds à 3 ou 4 pour 100 consolidés qui existent dans ce pays, prennent cette dénomination d'une circonstance bien connue et bien intelligible. Chaque emprunt avait une assignation particulière de fonds, pour le service des intérêts ou l'extinction du capital, sur une nature particulière de revenus. Il y avait, par conséquent, entre les divers emprunts du même denier, concurrence et préférence sur ces fonds. De-là la nécessité de tenir des comptes fort complexes de produit et d'application's. Une grande masse d'emprunts ayant été faite à un denier donné, on réunit les fonds assignés et les emprunts ; et de-là le nom de consolidé : le mot est surtout venu de la réunion des fonds assignés ; car on sait que le fonds *consolidé* en Angleterre est la réunion de tous les revenus affectés à la Dette, par préférence à tous autres services. Chez nous il n'y a jamais rien eu de fait qui ait pu justifier une pareille dénomination, et nos *consolidations* ont été de véritables banqueroutes.

Les principes posés dans la loi du 24 août 1793 ont continué, dans toute leur étendue, de gouverner légalement du moins la constitution de notre Dette publique, jusque sous le consulat. On forma par la loi du 30 ventose an 9, un fonds de 2,500,000 f. de rente à 3 pour 100 pour acquitter les Dettes arriérées des exercices an 5, an 6 et an 7. Cette rente fut employée en inscriptions, sans aucune indication de Capital. Mais enfin cette manière d'opérer fut changée par la loi du 21 floréal an 10, qui ordonna qu'à l'avenir « la partie de la Dette publique cons- » tituée en perpétuel, porterait le nom de » *cinq pour cent consolidés*. C'est la première

fois que la Dette a pris une constitution in-
dicative du denier de la rente vendue par le
Gouvernement. Mais en cette circonstance,
la concision excessive des dispositions légis-
lative a encore été employée aux dépens de
la justice.

On ne remarqua pas que ce simple changement de nom était une banqueroute à l'égard
des engagemens même du Gouvernement
consulaire, puisqu'il n'y avait qu'un moment
qu'en vertu de la loi précitée de ventose an 9,
on avait créé deux millions cinq cent mille
francs de rente, *à trois pour cent*, qui exi-
geaient des livres séparés. Il y a plus, long-
temps après la promulgation de cette loi, on
opérait des liquidations sur ces arriérés; on
les payait en rente à 3 p. 100 ; et en inscri-
vant ces rentes pêle-mêle avec les autres
rentes antérieures ou postérieures, dénommées maintenant toutes uniformément *cinq*
pour cent, on en réduisait effectivement le
capital dans une proportion analogue à l'é-
lévation du denier. Je ne sache pas que personne ait fait à cet égard une observation.
Peut-être une recherche attentive dans nos
lois de finances, ferait-elle encore découvrir
des rentes créées postérieurement sous le
Gouvernement impérial, à un denier infé-

rieur à celui de 5 pour 100, et confondues ainsi dans la masse des rentes de cette dénomination.

. Depuis la restauration, les diverses lois de création de rentes se sont bornées à mettre une somme déterminée de rentes à la disposition du Ministre des Finances ; mais ces rentes étant dénommées dans les diverses lois de création, *cinq pour cent consolidés*, elles ont, au moins, sans aucune difficulté, déterminé par ce moyen le taux de la constitution de chaque emprunt.

La loi de finances du 8 mars 1821 et l'ordonnance du 14 mars de la même année, ont créé des fonds nouveaux d'annuités à 4 pour 100. Cette espèce de fonds est plutôt une dette exigible qu'une dette constituée ; et, bien que présentant de nouveaux taux d'intérêts, elle ne peut entrer dans le cadre de ces observations.

Il résulte de ces consolidations, qu'une grande partie de nos rentes constituées, antérieures à la restauration, étaient bien positivement créées à un denier inférieur à celui de 5 pour 100, et que, par la manière dont les Grand Livres de la Dette publique ont été institués, ces rentes se trouvent présomptivement constituées à 5 pour 100. Un État doit-il en agir ainsi avec ses créanciers? Doit-il, par un simple changement de mots, par une forme nouvelle d'écritures introduite dans ses livres, modifier ainsi ses contrats? Il suffit de poser une pareille question pour qu'elle soit résolue.

Il paraît, malheureusement, que cette sorte d'expédient, qui atteste au plus haut degré l'absence d'un contrôle réel sur les opérations de finances de l'administration, ne date pas de nos jours, et, qu'à cet égard, la France est sous l'empire d'habitudes enracinées. Un auteur, non suspect, M. de Monthion, dans ses *Observations sur les ministres des finances de France*, nous apprend que l'abbé Terrai « procéda à la réduction de la » Dette, par une simple disposition de fonds » qui ne parut qu'une sorte de comptabi- » lité (1). »

On ne peut nier, du reste, en écartant l'injuste et violent usage qui en a été fait, que la forme introduite par la loi du 24 août 1793, ne soit une innovation salutaire. Jus-

---

(1) Voir dans l'Ouvrage comment l'abbé Terrai se concilia l'assentiment tacite du parlement de Paris dans cette opération.

que-là, la France avait conservé l'ancienne forme des contrats de constitution indivi- duelle, telle qu'elle existe encore dans d'au- tres Etats de l'Europe. Ces contrats étaient dressés par des notaires, dans les formes or- dinaires aux contrats de constitution, et avec toutes leurs solennités. Les cessions ou trans- ports devaient être faits avec ces mêmes so- lennités devant notaires, et l'Etat astreignait ses créanciers, comme pour les constitutions entre particuliers, à en rapporter des titres nouvels (1). En cet état, les rentes cons- tituées, aliénées par le Roi, comme celles sur particuliers, avaient la nature d'immeu- bles. Elles entraient comme telles dans les partages ; elles en avaient, pour la forme et le fonds, et sous le rapport légal, toute la stabilité.

Ces formes, comparées à celles des pays ou l'instrument du crédit public était mieux compris, finirent par paraître incommodes, peu conciliables avec la rapidité des négo- ciations. Aussi, sous les ministères de M. de Calonne et de M. Necker, commença-t-on à les écarter, en partie, dans les emprunts

____

(1) Edit de décembre 1764.

qui furent faits après la paix de 1782 , et l'on y introduisit des effets qui avaient peut-être l'inconvénient d'une excessive mobilité. Cambon, dans son rapport, accuse cette espèce d'effets nouveaux, d'avoir été la cause de l'agiotage, qui, de 1786 à 1788, a régné à Paris avec une sorte de fureur (1). La forme de Dette constituée, adoptée par l'Angleterre, tient le milieu entre les effets circulans et entre les anciens contrats de constitution. Elle consiste à donner aux bailleurs de fonds d'un même emprunt, pour tout titre, la loi qui l'autorise et qui règle la constitution de cet emprunt, soit quant à l'intérêt, soit quant à l'extinction. Ensuite, chaque partie prenante est créditée, dans les livres ouverts au Trésor pour chaque emprunt, de la somme pour laquelle elle y a contribué, elle ou ses auteurs; et ces crédits

---

(1) « Dettes exigibles à terme, annuités, quittances » de finances, effets aux porteurs ; cette partie de la » dette (dit Cambon), est celle qui a fait naître l'agio-- » tage. » Cette assertion n'est vraie qu'en partie. La forme extérieure de la dette peut faciliter l'agiotage ou l'excessive rapidité des transports , mais elle n'en peut être la cause principale.

sont transférables par la simple signature du vendeur et de l'acquéreur, reçue au Trésor. Avec cette manière d'opérer, l'Etat peut suivre, par lui-même, sans avoir besoin de l'intermédiaire des notaires, toutes les mutations des rentes par lui constituées.

Tel était le modèle que l'on voulait suivre. On a vu précédemment à quel point on s'en était écarté. Les capitaux n'étaient jamais inscrits. Ce n'est qu'en l'an 10 que le taux même de la constitution a été indiqué : d'ailleurs, la brièveté de nos diverses lois est telle, que rien n'y est énoncé, soit quant à l'époque, soit quant à la forme du remboursement. Enfin, loin d'exécuter la disposition de la loi du 24 août 1793, qui porte que le Grand-Livre est *le titre unique* du créancier, chaque créancier est porteur d'un titre émanant bien directement de l'Etat, au moyen de l'extrait de l'inscription qui lui est délivré. Depuis, cet extrait joue un grand rôle dans la comptabilité du service des intérêts, puisqu'il est une espèce de souche des quittances du créancier, au moyen du timbre qui est apposé sur l'inscription à chaque paiement. En cette partie encore, nous nous sommes considérable-

ment éloignés de notre modèle. En Angleterre , tous les paiemens des dividendes ou
intérêts, se font par émargement sur des
livres dressés pour chaque terme de paiement.

En résultat, toute la dette de France est,
ou présomptivement , ou dispositivement
constituée au denier vingt; c'est ce dont on
ne peut douter. L'injuste amalgame qui a
été fait de tous les fonds qui la composent, soit qu'ils proviennent de conver-
sions ou reconstitutions, ou qu'ils proviennent d'emprunts , exclut aujourd'hui toute
possibilité de distinguer dans le taux divers
des constitutions. Je présenterai, plus bas,
quelques considérations sur les divers inconvéniens de cet amalgame. Je ferai seulement
remarquer , dès ce moment, que si, opérant
d'après les principes d'une sage et juste
administration , on eût évité cette confusion
et donné des livres particuliers aux diverses
parties de la dette , on aurait naturellement
été conduit à reconnaître que le résultat de
l'opération du tiercement si singulièrement
appelée *tiers-consolidé*, devait être mis à
part, et ne pouvait être confondu avec les
emprunts postérieurs. Si cette distinction

eût été faite, tout le monde sentirait la justice de ne faire peser qu'à la dernière extrémité sur ce tiers, les opérations de remboursement ou de réduction que l'élévation du crédit peut rendre nécessaires. Je passe à l'examen des autres vices de notre dette publique.

§. II.

Défaut de mention, dans les actes ou lois de constitution des diverses parties de notre dette, de l'époque, et même de la faculté du remboursement.

En droit et en jurisprudence, il est de la nature du contrat de constitution de rente perpétuelle que le débiteur ait la faculté d'éteindre, quand il lui plaît, la rente, par la voie du remboursement. Le Code civil n'a fait, à cet égard, dans son article 1911, que reproduire un principe bien établi, depuis l'origine de cette espèce de contrat. Une conséquence du principe que le débiteur pouvait, en tout temps, se libérer de la rente, en offrant le remboursement, était que, dans un contrat de constitution, entre particuliers, toute clause qui

tendait à entraver la liberté du remboursement dans la personne du débiteur, était
nulle (1). D'après ces règles, il semblerait
donc inutile, dans les actes constitutifs des
emprunts publics, d'insérer la clause de
remboursement. Mais il n'en est point ainsi.

Depuis que les Gouvernemens ont usé du
crédit comme ils l'ont fait dans le dernier
siècle, ils ont senti que les principes applicables aux contrats entre particuliers ne
pourraient convenir à leurs emprunts. En
conséquence, on a vu les Gouvernemens
qui ont créé et aliéné beaucoup de rentes,
avoir soin, d'abord, de stipuler la faculté
de remboursement, et ensuite et souvent
d'en déterminer, et l'ordre, et l'époque.

En France, les édits de création de rente,
et les contrats de constitutions qui étaient
vendus en conséquence, ne manquaient
point d'énoncer la clause de remboursement (2). Quant à des stipulations rela-

____

(1) Pothier, *Constitution de rente.*

(2) Voici comme s'expriment les anciens contrats
« royaux : RACHETABLE à toujours ladite somme (le
» capital prêté), en rendant et payant pareille somme
» de (le capital), avec les arrérages qui en seront lors
» dus et échus, frais et loyaux coûts. »

tives à l'ordre et à l'époque , comme il est , je crois, sans exemple , que des rentes sur l'Etat aient été éteintes par remboursement, il ne paraît pas que l'on ait été dans le cas de les employer. C'est toujours par des réductions violentes d'intérêt , ou des reconstitutions violentes , que notre dette constituée a été éteinte ou réduite. Aussi, ce qui se passe aujourd'hui et les efforts que font les créanciers de l'Etat , qui n'ont jamais éprouvé pareil embarras , pour éviter le rembour- sement, sont-ils un des phénomènes remar- quables de nos temps.

Il en a été tout autrement en Angleterre, où la foi publique est restée , pendant cent cinquante ans , intacte. Non-seulement les actes constitutifs des divers emprunts men- tionnent la clause du remboursement, mais encore, pour certains emprunts , ils ont eu soin de déterminer l'époque à laquelle le Gouvernement pourrait user de cette faculté. Par exemple, je vois que lorsque, sous le ministère de M. Pelham , en 1749, on rédui- sit les 4 pour cent en les remboursant, l'acte qui prononce ce remboursement offre aux créanciers de ce fonds l'option d'une recons- titution à 3 et demi, de 1750 jusqu'en 1757,

réductible à 3 pour 100, à partir de 1757.
De 1760 à 1762 on emprunte, en 4 p. cent,
20 millions, qui ne pourront être remboursés
qu'après un laps de dix-neuf et vingt ans. En
1796 on ouvrit, par souscription, à la Banque, l'emprunt dit de *loyauté*, à 5 pour cent,
avec différentes clauses, quant à l'époque et
au mode de remboursement. Deux ans après,
la paix définitive, le Gouvernement avait le
choix d'offrir aux créanciers le remboursement ou la conversion en 3 p. 0/0 à 133 p. 0/0
du capital à 5 p. 0/0; et, en tout cas, il ne
pouvait offrir cette option, que les 5 p. 0/0
préexistans ne fussent tous remboursés.

La dette des Etats-Unis est constituée sur
les mêmes principes. La clause du remboursement est énoncée dans les actes qui l'ont
primitivement constituée des débris des
emprunts et des papiers-monnaie dont ils
avaient fait ressource dans la guerre de l'in-
dépendance. Il en est de même pour les
emprunts faits depuis par le gouvernement fé-
déral. L'époque du remboursement est déterminée à l'égard de plusieurs. Par exemple, le fonds de 6 pour cent, créé en 1803
pour l'achat de la Louisiane, n'a pu être rem-
boursé qu'après quinze ans de sa création, et

son remboursement a dû se faire, après ces quinze ans, en quatre années et en quatre paiemens égaux, à Washington City.

Les motifs de ces dispositions se font aisément apercevoir. Les fonds publics, lorsque la foi et les ressources de l'Etat débiteur offrent toutes les garanties désirables de solvabilité, présentent aux capitaux les meilleurs placemens. Le remboursement, loin d'être désiré par le créancier, est pour lui une chose incommode, surtout s'il risque de le recevoir inopinément et sans s'être préparé au remploi. Il y a donc à la fois convenance, justice, intérêt commun, à donner au créancier des motifs de tranquillité à cet égard.

L'examen des clauses relatives aux remboursemens des divers emprunts de l'Angleterre et des Etats-Unis, nous montre qu'en général c'est pour les fonds portant un haut intérêt qu'elles sont introduites. Par exemple, pour les 3 p. cent qui forment le fonds principal de la dette anglaise, je ne sache pas qu'il y ait eu à leur égard, à chaque emprunt, d'autre stipulation que la clause générale du remboursement. La raison de la différence est sensible. Les 3 p. 100 étant un fonds dans lequel, attendu la différence habituelle entre le fonds versé et le fonds inscrit, le créancier a une bonification considérable à attendre sur le capital en cas de remboursement; il n'a pas à craindre que ce remboursement lui soit offert tant qu'il y aura des réductions à opérer sur les fonds d'un intérêt supérieur. Ce sont ces fonds à haut intérêt à l'égard desquels on redoute le remboursement; c'est la raison qui porte les prêteurs à exiger des sûretés de jouissance, puisqu'ils n'ont que peu ou point de bonifications à attendre sur le capital.

Le silence absolu de nos lois d'emprunt, depuis trente ans, sur le remboursement et sur la manière dont il pourrait être exercé à l'égard des divers capitaux qui composent notre dette publique; celui que les ministres des finances ont observé à cet égard lorsqu'ils ont été interpelés dans la chambre des députés sur la même matière; l'absence enfin d'un exemple de remboursement dans notre histoire financière, ont tendu, il faut le dire, à établir chez les créanciers publics, l'opinion que la rente ne pouvait être éteinte que par la voie du rachat sur la place et au cours. Qu'on examine attentivement les deux lois qui, depuis la loi de 1793 et la loi du tiercement, ont disposé, sous le gouvernement consulaire et impérial, sur la dette publique, la loi du 3o ventose an 9 et celle du 2'1 floréal an 10. Ces deux lois sont les lois complémentaires de sa constitution. Elles ont statué sur sa dénomination, sur son inscription, après le tiercement, aux nouveaux livres à former; enfin sur son amortissement.

La première, qui dispose sur l'inscription des reconnaissances du tiers, dites *tiers provisoire*, et sur l'échange des bons de *deux tiers*, en inscription à un quart pour cent du montant nominal, appelle la rente qui doit résulter de ces réinscriptions, *rente per-pétuelle*. (Art. 1 et 3,. La seconde loi change encore la dénomination de la rente et veut qu'elle prenne le nom de *cinq pour cent consolidés*. Ces deux lois forment des fonds considérables d'extinction. Mais tous ces fonds ne sont évidemment applicables que par la voie de rachat et au cours; ils devaient en conséquence être employés par la caisse d'amortissement qui venait d'être récemment créée. Ni ces deux lois, ni aucune loi postérieure n'ont parlé de l'extinction par remboursement. Enfin lorsqu'à la veille de l'invasion de la Russie, les 5 p. 100 montèrent si près du pair, l'administration n'a pas donné

le moindre signe d'intention de rembourser.
Depuis la restauration, même silence.

Fondés sur cette série de faits, qu'il n'y
aurait aucune justice à vouloir dissimuler, les
créanciers publics en appellent donc aujour-
d'hui, à cet égard, avec une forte apparence
de raison, à la bonne foi du Gouvernement.
On voit avec peine qu'au lieu de convenir de
l'équité de leurs réclamations, de convenir
que les erreurs des gouvernemens précédens,
continuées depuis la restauration, ont pu
leur faire illusion et les tenir dans une fausse
sécurité, on a recours à d'injustes récrimi-
nations. Dernièrement, dans le *Moniteur*, un
article a paru où on leur reproche, comme
le fit Cambon en 1793, d'avoir reçu des intérêts usuraires ; et peu s'en faut que l'auteur
de l'article n'aille à la conséquence qu'on
peut les traiter en ennemis à l'égard desquels toute arme est bonne dans la discussion ; *dolus an virtus quis in hoste?*

Ce n'est point ainsi que des questions de
ce genre doivent être traitées. Les créanciers
de l'Etat ont reçu, des mains des traiteurs
d'emprunts, les rentes que le Gouvernement
a aliénées dans les momens difficiles. Ils ont
été alors ses amis et ses meilleurs amis en les

recevant. Dans une commune erreur du Gouvernement et des créanciers de l'Etat, c'est
au plus puissant, lorsqu'il peut exhumer subitement des codes un principe de droit ou-
blié ; incontestable, mais rigoureux ; à ne l'invoquer, à n'en user qu'avec modération. Il est
certain, d'un autre côté, que les argumens
des créanciers de l'Etat qui veulent éviter le
remboursement ou ceux que l'on fonde, en
leur faveur, sur le silence des lois, sont exces-
sifs ; ils ont le tort de trop prouver, car ils
prouveraient que le Gouvernement, par le silence des lois constitutives des emprunts et
de la Dette en général, n'a, dans aucun cas,
le droit d'extinction par remboursement ;
c'est ce qui est insoutenable en droit. Et sous
le rapport du fait et de la convenance, on
voudrait donc que le fonds d'amortissement
continuât, sans terme, de racheter les rentes
5 p. 100 au cours, quel qu'il fût ? C'est alors
que l'intérêt général de la société réclamerait ;
c'est alors que le fonds d'amortissement de-
viendrait un instrument de dommage : l'idée
ne peut un moment se soutenir. En traitant
du troisième défaut de la constitution de notre
Dette publique, cette partie de la discussion

recevra de nouveaux développemens: je me hâte d'y arriver.

§. III.

Uniformité du taux des intérêts des divers emprunts composant la Dette publique, et amalgame de ces divers emprunts en une seule masse.

Une circonstance qui fortifie considérablement les argumens tirés des raisons de convenance qu'on oppose au remboursement projeté, c'est la masse de Dette sur laquelle il s'agit de l'opérer. Il ne s'agit de rien moins que d'offrir le remboursement de la totalité de la Dette; l'opération ne paraît pas pouvoir être divisée. La nécessité où paraît se trouver le Gouvernement d'opérer ainsi sur la masse de la Dette est le résultat d'un défaut encore inaperçu de sa constitution ; je veux dire de l'uniformité des intérêts des diverses parties dont elle s'est successivement formée, et de l'amalgame, en une seule masse, de toutes ces parties.

Il résulte de cette uniformité et de cette fusion, ou plutôt de cette confusion, que les circonstances étant devenues favorables à

une offre de remboursement ou de reconstitution à un denier inférieur, le Gouvernement s'est trouvé avoir à opérer sur 197 millions de rentes 5 p'. 100 (1), ou environ sur
4 milliards de capital ; cette masse homogène
ne permet aucune distinction, soit à raison
du taux des intérêts, soit quant à la préférence à donner à la conservation de l'intérêt
de telle ou telle partie de la Dette. Décidé,
sans doute, plutôt par l'énormité de cette
masse que par la justice de l'exception, il a
proposé de n'opérer, pour le moment, que
sur 140 millions de rentes, ou 2 milliards
800 millions de capital.

Cette exception elle-même (si l'on peut
dire que le Gouvernement en fasse une
quand il ne demande que l'ajournement de
cette partie de la Dette); cette exception,
dis-je, est encore devenue un obstacle à ce
que la mesure obtînt toute l'étendue d'assentiment qu'elle pourrait d'ailleurs avoir. En
la supposant prononcée (et l'ajournement
semble au public une décision), l'exception

____

(1) Les 33 millions appartenant à la Caisse d'amortissement ne sauraient faire partie de la masse appelée
à remboursement. Ainsi, il reste 165 millions.

3 *

paraît odieuse. Soit que l'on consulte les principes, soit que l'on consulte les exemples, on n'y voit aucun motif. Les personnes morales (collectives ou singulières) qui ont placé leurs fonds en effets provenant des emprunts contractés par l'Etat, ne sont que des créanciers comme d'autres. Leurs revenus ne sont pas d'une autre nature ; ce sont des rentes représentatives de leurs intérêts. Sauf les formalités pour l'aliénation, ces rentes (hors celles de la Caisse d'amortissement) peuvent être transférées et vendues sur la place comme les autres. S'il y a des traitemens-rentes, je ne les comprends point dans les rentes : c'est une anomalie et un vrai désordre que des rentes de cette nature. Si des parties de services publics souffrent du remboursement et du remploi, le Trésor viendra au secours de l'insuffisance des fonds ; mais il faut que ce soient des services publics. — Par ces considérations, qui n'ont pu échapper à personne, je suis porté à croire que si la constitution de la Dette avait offert d'autres moyens de réduire la masse à traiter, l'administration ne se serait pas attachée à cette distinction.

Rien n'est plus fâcheux que cet amalgame

de toutes les parties de notre Dette : d'abord quant aux intérêts.

C'est une question fort controversée, en théorie, en Angleterre, que celle de savoir dans quels fonds il convient le mieux d'emprunter ; en fonds à haut intérêt, ou en fonds à bas intérêt. La solution de cette question est importante, soit pour la charge annuelle comparative d'intérêts qui en résulte, soit pour la durée de l'extinction par la voie de rachat au cours. On dresse, à ce dernier égard, des tables curieuses de comparaison, suivant le taux où l'on suppose que les emprunts ont été contractés, le cours auquel les divers effets sont acquis par la Caisse d'amortissement, et la force des fonds de cette Caisse relativement au capital inscrit. Ces tables hypothétiques seraient ici hors de saison ; il n'y a pas de calculateur qui ne puisse les faire d'après une hypothèse donnée.

Dans la pratique, les opérations de la trésorerie anglaise sont déterminées, sur ce point, par les dispositions des compagnies traitantes, qui connaissent, dans une circonstance donnée, la disponibilité supérieure d'un fonds par rapport à tel autre, et qui le demandent par préférence. En général, les emprunts à l'intérêt le plus élevé, celui de 5 ou de 6 p^r. 100, tiennent de la nature des emprunts exigibles ; les prêteurs s'attendent à un plus prochain remboursement, comme étant dans l'intérêt de l'Etat pour diminuer ses charges annuelles. Au contraire, les fonds à 3 p^r. 100, par exemple, créant une moindre charge annuelle, l'Etat ayant moins d'avantage à en diminuer les intérêts, ne pouvant proposer cette réduction qu'en offrant le remboursement du capital de la constitution, ordinairement fort supérieur au capital réellement emprunté, les créanciers ont la chance d'une plus longue jouissance. Les besoins de la place, l'abondance comparative des divers fonds déterminent la préférence à donner, dans un emprunt, à un fonds plutôt qu'à un autre.

La conversion proposée de toute notre dette de 5 à 3 p. 100, présenterait encore l'inconvénient de nous placer dans l'uniformité. L'augmentation subite du capital dans la proportion d'un tiers de la masse actuelle est une des conséquences notables du projet, et une conséquence qui mérite bien toute l'attention qui lui a été donnée dans l'attaque comme dans la défense.

Il est utile, en fait, de partager, en diverses constitutions, les fonds qui composent la
Dette; il est évident que si nous avions des
fonds de divers intérêts, l'opération projetée
aurait d'abord porté sur les fonds constitués
au denier le plus élevé. L'Angleterre avait
encore, en 1822, les espèces de fonds suivantes, indépendamment des effets de la Dette
de l'Irlande. Elle avait des 3 p. 100 de deux
espèces; des 4 p. 100, des 5 p. 100 et des annuités ou fonds dont le capital s'amortit par
les payemens annuels faits aux détenteurs de
ces fonds. C'est ainsi que, le cas échéant,
elle peut opérer sur les fonds dont l'intérêt
est le plus élevé, et qu'elle a réduit, en 1749,
les 4 p. 100 à 3 p. 100; et dans le cours de
1822, ses 5 p. 100 à des 4 p. 100.

L'amalgame des capitaux en une seule
masse homogène et compacte, qui est une
conséquence de l'uniformité de l'intérêt, a
les mêmes inconvéniens. On ne distingue
plus l'origine des divers emprunts ou des diverses parties dont la Dette s'est successivement formée. Dans un système de dette bien
réglé, les 5 p. 100 du tiers, dit si impropre-
ment *consolidé*, auraient dû être distingués
et obtenir une préférence sur les 5 p. 100 de

création postérieure. Je ne dis rien des trois pour cent créés par la loi du 30 ventose an 9 qui se sont trouvés confondus avec les 5 p. 100. Il aurait été naturel à un gouvernement qui aurait consulté quelques règles de justice de créer, de 1800 à 1809, époque où la liquidation a été fermée par une banqueroute de tout l'arriéré antérieur à 1801, des fonds particuliers pour les remboursemens faits si tardivement par suite des liquidations des anciennes créances qui n'ont encore été inscrites qu'au tiers, ainsi que pour les inscriptions faites pour les bons de deux tiers.

Depuis la restauration, la dette constituée s'est accrue, par plusieurs emprunts successifs, de cent millions de rente (1). Tous ces emprunts ont été jetés dans une seule et même constitution, et inscrits sur les mêmes livres que les dettes précédentes.

La distinction des fonds de la Dette publique n'a pas seulement la commodité du maniement, dans le cas de l'extinction; elle offre encore, dans le paiement des intérêts et dans l'opération du transfert, des fa-

____

(1) Discours du Ministère des Finances. (*Moniteur* du 25 avril).

cilités. Ainsi, en Angleterre, les intérêts de la dette sont partagés en diverses échéances, de manière à ne pas créer au trésor ou à la banque, qui le remplace pour le service des intérêts, un encombrement dans les paie-mens. Le transfert des divers fonds s'opère à des jours distincts. Ces divisions qui, dans les opérations d'administration journalière, sont l'effet de la division des divers fonds qui composent la dette publique, ne paraîtront point, aux administrateurs, dénuées d'uti-lité.

Il reste encore une observation à faire sur la masse de remboursemens que l'amalgame met le Gouvernement dans le cas d'offrir : c'est l'influence qu'une telle masse de valeurs jetée inopinément dans la circulation d'un pays peut exercer sur la propriété et sur tous les genres de valeur. Lors de la réduction par M. Pelham, en 1749, des 4 p. 100, la dette an-glaise s'élevait à 78 millions. Son opération porta sur un capital de 57 millions, montant des 4 p. 100. L'opération faite en 1822, sur les 5 p. 100 a porté sur 142,500,000 liv. st. de capital. Le montant de la dette s'élevait alors à 800 millions st. Notre opération em-brassant la totalité de la dette, elle est de nature à exercer une influence plus considérable sur les capitaux mobiliers et immobiliers du pays. Tout le monde pensera qu'il eût été à désirer que les réductions que l'état prospère des affaires peut permettre de tenter, eussent pu être divisées, soit quant à la masse, soit quant au temps, de manière à opérer moins de changemens dans les diverses natures de propriétés.

§. IV.

De l'extinction, par la voie du rachat, de la rente au cours, ou du fonds d'amortissement.

Nous n'avons suivi, de même, qu'imparfaitement les exemples de l'Angleterre, quant à l'extinction, par la voie du rachat, ou par l'opération connue sous le nom *d'amortissement.*

D'abord, et immédiatement après la reconstitution de la dette par la loi du 24 août 1793, il n'a point été question d'amortissement. On a vu comment Cambon entendait cet amortissement. Une grande partie de la dette constituée se trouva éteinte au moment même et par l'opération de la reconstitution, au moyen de deux dispositions de la loi : l'une qui ordonnait le remboursement de toutes les rentes au-dessous de 5o francs ; l'autre qui ordonnait celui des créances en effets royaux et exigibles au-dessous de 3,000 francs. Depuis, le tiercement opéra un amortissement forcé des deux tiers.

Ce n'est qu'en l'an 10 et par la publication de la loi précitée du 21 floréal an 10, que l'on a mis quelque système et quelque ordre dans la dette publique. Cette loi nous fait connaître les opinions auxquelles paraissent s'être arrêtés, sur cette matière, les conseils du Gouvernement consulaire et impérial. On sait que, sous ce Gouvernement, le mot *crédit* était presque en défaveur. Il se montra très-opposé aux emprunts, et à l'augmentation de la dette publique en général, et si l'on examine bien le système des deux lois du 3o ventôse an 9 et du 21 floréal an 10, qui sont les premières dans lesquelles on se soit occupé de l'amortissement de la dette publique, on y verra que l'intention du Gouvernement était de faire des augmentations de dette qui proviendraient de nouveaux emprunts ou de liquidations forcées, une dette séparée de la dette résultant du tiers-consolidé; une dette d'une fort courte durée; et d'y affecter des moyens fort rapides d'extinction; et, quant à l'ancienne Dette, celle du tiers, d'y affecter un fonds d'amortissement particulier.

Ces intentions, bien que fort obscurément, sont exprimées dans la loi du 30 ventose an 9, qui est comme le premier jet d'une réformation de la Dette publique, qui prend dans cette loi le nom de *Dette perpétuelle* ; mais les fonds faits pour ces deux amortissemens, le sont d'une manière si vague, si indéterminée et même si hypothétique, que l'on ne peut considérer les dispositions de cette loi que comme de simples projets fondés sur des notions très-confuses.

La loi du 21 floréal an 10 est plus explicite, et le chaos des combinaisons annoncées dans la loi précédente commence à s'y débrouiller. Elle contient d'abord sur la matière une déclaration de principe. Par son article 9, elle fixe *le maximum* des rentes cinq pour cent consolidés à 50 millions ; l'article ajoute que « si par l'effet d'inscriptions ultérieures
» à faire, soit par suite de la reconstitution
» du tiers, ou de nouvelles liquidations, soit
» par suite d'emprunts, la dette était augmen-
» tée au-delà de 50 millions, l'augmentation

» ne pourrait être faite sans qu'il fût affecté
» un fonds d'amortissement suffisant pour
» amortir, au plus tard, dans quinze ans,
» l'excédant des 5o millions. »

Sans attendre ces augmentations ou par
prévision de leur existence, l'article suivant
procède à affecter à la caisse d'amortissement,
à partir de l'an 12, dix millions par an ; « sa-
» voir, pendant les sept premières années, en
» exécution de la loi du 3o ventose an 9, et
» pour les années suivantes, autant que cela
» sera nécessaire pour opérer en quinze ans,
» au plus, à compter du 1er. vendémiaire an 1o,
» l'amortissement de 9 millions de 5 p. 100
» consolidés en exécution du présent article. »

A la réalisation de cette extinction on af-
fecte le produit de la poste aux lettres.

Inutile de s'arrêter à ce que ces dispositions ont encore de vague et d'indécis : je
n'en tire qu'une conclusion ; qu'on se proposait une extinction fort rapide des deux dettes,
par la voie du rachat. On sait combien on
avait fait peu de progrès dans ce rachat, et
ce que, dans les derniers temps du gouvernement impérial, était devenue la caisse d'a-
mortissement.

Ce n'est que depuis la restauration, et depuis les emprunts nécessités par la seconde invasion, que le fonds d'amortissement a été régulièrement organisé. La loi du 25 mars 1817 l'a doté d'une somme annuelle de 40 millions, à prendre sur les revenus qu'elle désigne, et, en outre, du produit de 150,000 hectares de bois domaniaux dont la vente est ordonnée par cette même loi. C'est avec l'emploi de ces moyens qui n'ont pu commencer à opérer que dans les derniers six mois de 1817, que la caisse d'amortissement est parvenue en six ans, à se rendre propriétaire de 33 millions de rentes, sur 197, ce qui fait un sixième de la rente totale, presque un quart de la rente non immobilisée. Si, à cette somme de rentes appartenant à la caisse d'amortissement, on ajoute les 40 millions de versemens annuels des revenus généraux, cette caisse employerait à l'extinction, par voie de rachat, une somme annuelle de 73 millions, ce qui serait le quarantième de la dette dont se composent les 2 milliards 800 millions sur lesquels il s'agit d'opérer; la cinquante-unième ou cinquante-deuxième partie de toute la dette inscrite.

On peut croire que ce fonds est fort disproportionné avec les effets réguliers à attendre d'un fonds d'amortissement ; il l'est, attendu la rapidité croissante avec laquelle il opère sur la Dette. Le fonds d'amortissement créé en 1786 par M. Pitt devait être, seulement de la centième partie du capital inscrit pour chaque emprunt. La loi de création disposait en même temps que le fonds, arrivé à 4 millions, s'arrêterait là, et que le surplus resterait à la disposition du gouvernement pour les services courans. Au moyen de cette affectation, et d'autres affectations faites par le parlement d'Angleterre pour augmenter la force de l'amortissement, à cause de la Dette préexistante, le fonds de l'Angleterre était arrivé à une somme annuelle de 17 millions sterling en 1813, ou près de la moité de tout l'intérêt annuel de la Dette constituée. On s'était écarté de la limite posée sous M. Pitt, à raison des efforts prodigieux de crédit qu'avait exigés la guerre recommencée en 1803. Cependant, dès 1813, et lorsque le fonds d'amortissement avait atteint cette énormité, on a commencé à examiner si sa proportion avec la Dette n'était pas excessive..... On l'a d'abord entamé pour l'appliquer à des emprunts, puis à la fin de la guerre, à des réductions de taxes : enfin, en 1819, sur la proposition des ministres, il a été définitivement limité à 5 millions.

Aujourd'hui et depuis la publication, en 1813, de l'ouvrage du docteur Hamilton sur la Dette de l'Angleterre (1), on a fort mis en question l'utilité de l'emploi d'un fonds d'amortissement à intérêt composé. On en demande encore la réduction ultérieure ; cependant les ministres anglais, depuis 1819, s'accordent pour le tenir à 5 millions : seulement en 1822, à l'occasion de la création des annuités au moyen desquelles on a déchargé le Trésor du paiement des pensions navales et militaires, on y a fait ajouter une somme de 400,000 liv. st.

On conçoit difficilement qu'il soit utile de jeter chez nous 70 à 75 millions, par an, sur la place, pour racheter de la rente. Ces versemens ont pour effet d'élever, d'une manière disproportionnée, son taux vénal. Je sais que le Trésor en profite lorsqu'il emprunte ; mais lorsque, comme aujourd'hui,

––––––––––––––

(1) Recherches sur l'origine, les progrès, le rachat, l'état actuel et l'administration de la dette de la Grande-Bretagne. Edimbourg, 1813.

ses besoins sont, à cet égard, devenus fort circonscrits, on conçoit que la réduction de l'amortissement pourrait sauver une grande partie des embarras que nous éprouvons.

Je ne discuterai point, avec plus de spécialité, cette question délicate. Il m'a suffi de jeter quelques doutes sur la constitution du fonds d'amortissement : je ne me propose, en général, que d'indiquer les sommités des observations diverses que j'ai entrepris de soumettre au public ; les personnes à qui elles paraîtront dignes d'attention, pourront les approfondir.

***

CONCLUSIONS.

Nécessité de soumettre à une révision, les diverses lois concernant la constitution de notre dette publique, et d'établir cette constitution sur des principes et sur une pratique qui ont subi l'épreuve du temps.

Dans la circonstance présente, examiner si l'on ne pourrait pas, en divisant l'opération, soit par le temps, soit par la masse, obvier à une partie des plaintes et des objections qui se tirent, et de la survenance imprévue du remboursement, et de la masse de dettes sur laquelle le remboursement doit porter.

____

Les conclusions et les observations qui précèdent, devant tirer de nouvelles forces de la manière dont l'Angleterre a procédé, en 1749 et 1822, au remboursement de ses 4 pour 100 et de ses 5 pour 100, je mettrai ici, sous les yeux des lecteurs, l'analyse de ces deux opérations.

Opération de 1749.

Les 3 pour 100 s'étaient tenus, pendant un an, au pair de 100, et l'avaient même dépassé. Le ministre Pelham prit la résolution d'offrir le remboursement ou la reconstitution des 4 pour 100 à 3 1/2 et 3 pour 100.

Il offrit cette reconstitution aux porteurs des 4 pour 100, moyennant les conditions suivantes, qui sont portées dans l'acte du Parlement, rendu en novembre 1749 : acte qui avait été précédé d'une résolution analogue de la Chambre des communes,

Les créanciers consentant à la reconstitution, recevaient 4 pour 100 jusqu'en décembre 1750, c'est-à-dire, l'intérêt de l'ancienne constitution. De décembre 1750 à décembre 1757, 3 1/2 pour 100 ; et, après 1757, seulement 3 pour 100 (1).

Après 1757, les 3 pour 100 nouveaux, résultant de la reconstitution, ne pourront être remboursés que sous les mêmes conditions, aux époques, par les payemens déterminés pour les 4 pour 100 présentement reconstitués.

Tous les créanciers dans les 4 pour 100 sont appelés à donner leur consentement exprès sur des livres ouverts au Trésor et en divers autres endroits ; ceux qui ne donneneront pas ce consentement, seront remboursés.

Toutes corporations publiques ; les exécuteurs, les administrateurs, et, les tuteurs pour les fonds qui sont confiés à leur administration ; le caissier même des dépôts de la Chancellerie, sont autorisés à consentir à cette reconstitution, sans pouvoir être recherchés en conséquence.

---

(1) Ce sont ces effets qui composent les 3 p.r. 100 réduits.

Le premier délai pour s'inscrire, avait été de trois mois.

Il paraît que dans ce premier délai, la plus grande partie des créanciers avait adhéré ; mais de grandes compagnies financières, la compagnie des Indes et la compagnie du Sud, la Banque même, s'étaient tenues à l'écart et avaient empêché une forte partie des 4 pour 100 d'arriver à la conversion (1). En 1750, un nouveau délai fut accordé ; mais les retardataires n'obtinrent les 3 1/2 pour 100 que jusqu'en 1755, au lieu de 1757.

La totalité du fonds en 4 p'. 100 s'élevait à 57,702,000 livres sterlings.

Dans le délai de la première publication, il y eut des consentemens pour 38,806,000

Dans le délai de la seconde, 15,606,000

Non-consentans. 3,290,000

57,702,000

----

(1) Smollet, Histoire d'Angleterre, 1749.

Opération de 1822.

Le 22 février 1822, le chancelier de l'Echiquier et le premier lord de la Trésorerie, lord
Liverpool, en conséquence d'avis publiés à
cet effet, ayant réuni au Trésor une nom-
breuse assemblée de banquiers et autres in-
téressés dans les effets publics, ont fait connaître l'intention où ils étaient de proposer
un acte tendant à convertir les 5 pour 100
en 4 pour 100. Par suite de cette communi-
cation, le 25 du même mois, le chancelier de
l'Echiquier proposa à la Chambre des communes, des résolutions, dont voici la subs-
tance.

Il sera créé un nouveau fonds à 4 p^r. 100,
dont l'intérêt sera payable le 5 janvier et le
5 juillet de chaque année, et qui ne pourra
pas être éteint, par la voie du remboursement, avant le 5 janvier 1829.

Tous les porteurs de 5 p^r. 100 seront admis
à y souscrire, et auront, dans ce fonds, 105 l.
pour chaque 100 liv. de 5 pour 100 dont ils
sont détenteurs.

Tous les porteurs *qui ne feront pas con-*

naître leur refus de consentir à la conversion, seront censés l'avoir acceptée.

Il sera ouvert à la Banque, des livres, depuis le 4 mars 1822 jusqu'au 16 inclus, pour recevoir les signatures des *non-consentans.*

Les absens sur le continent auront jusqu'au 1er. juin ; ceux qui habitent dans toute partie du monde, hors l'Europe, auront jusqu'au 1er. mars 1823.

Les créanciers de 5 pour 100 non-consentans à la conversion, seront remboursés dans l'ordre numérique de leurs signatures. Les payemens pour remboursement commenceront le 5 juillet (1).

Pour le corps, les administrateurs, etc., etc., mêmes dispositions qu'en 1749.

La totalité des 5 pour 100 s'élevait à 140,000,000 liv. st.

Dès le 18 mars, le chancelier de l'Echiquier, dans la Chambre des communes, annonça que le résultat des souscriptions n'offrait que pour 2,600,000 liv. de remboursemens à faire.

____

Il est assurément impossible de voir une

____

(1) *Courrier,* du 26 février.

opération aussi considérable conduite à fin
avec plus de rapidité.

On a reproché au ministère anglais de
n'avoir pas imité, dans l'opération de 1822,
la franchise, la modération de M. Pelham,
qui avait donné un délai de trois mois; qui
n'avait prononcé le remboursement des non-
consentans que l'année suivante, en 1750;
qui avait demandé *le consentement exprès*
à la conversion, tandis qu'en 1822, ceux qui
ne disaient rien, ont été censés y consentir.

Dans l'opération de 1749, il y a eu réduction d'intérêt progressive, sans aucune augmentation de capital.

Dans l'opération de 1822, il y a eu diminution d'intérêt, mais augmentation de 7
millions de capital. Il est difficile de trouver
des opérations plus avantageuses aux finances
d'un Etat.

La réduction des 5 pour 100 a donné une
diminution dans le service des intérêts de
1,200,000 liv. sterl. Dans la même session,
le chancelier de l'Echiquier a converti 5 millions de pensions navales et militaires en
annuités négociées à la Banque : il a obtenu

par cette opération, près de 1,5oo,ooo liv. st. de diminution annuelle dans ce service.

Depuis la paix, les taxes, en Angleterre, ont pu être réduites de 22 millions. On ne peut pas dire que cette amélioration soit due entièrement à une bonne administration des finances et du crédit ; elles ont sans doute aussi pour cause ce développement gigantesque de commerce qu'a pris l'Angleterre depuis quelques années. Néanmoins, on peut bien affirmer que cette bonne administration y a puissamment contribué.

FIN

Imprimerie de Madame Vᵉ. PORTHMANN,
rue Sainte-Anne, nᵒ. 43.